Impressum
Verlag: BABADADA GmbH, Nedderfeld 112 , 22529 Hamburg
Geschäftsführer / Verlagsleitung: Harald Hof
Druck: Books on Demand GmbH, In de Tarpen 42, 22848 Norderstedt

Imprint
Publisher: BABADADA GmbH, Nedderfeld 112 , 22529 Hamburg, Germany
Managing Director / Publishing direction: Harald Hof
Print: Books on Demand GmbH, In de Tarpen 42, 22848 Norderstedt, Germany

sekolah
escuela

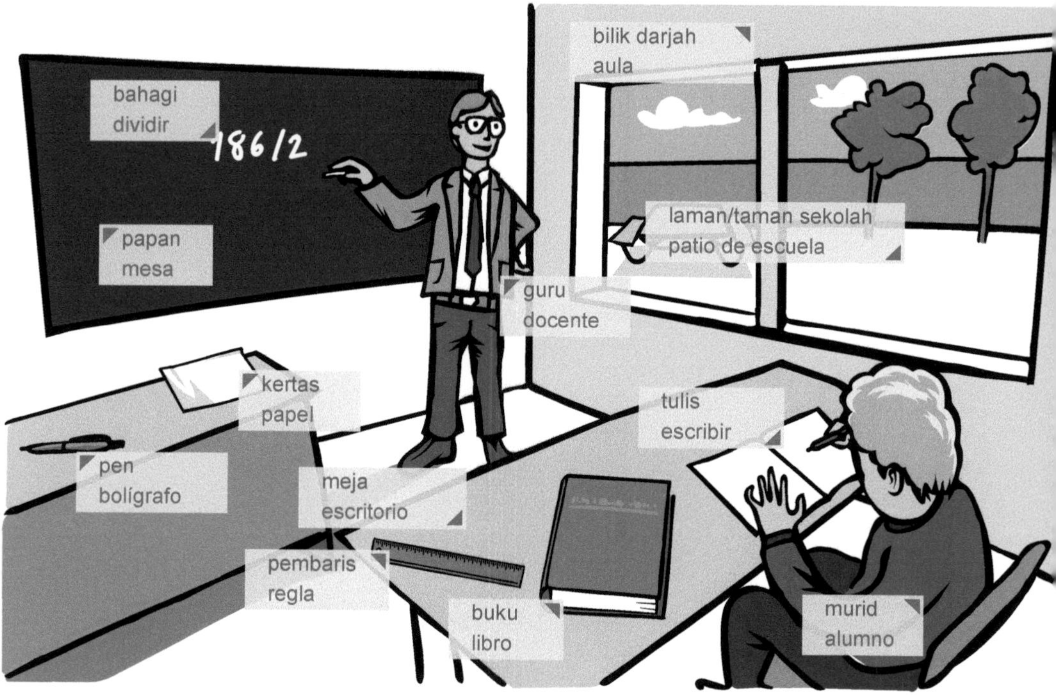
bilik darjah
aula
bahagi
dividir
186/2
papan
mesa
laman/taman sekolah
patio de escuela
guru
docente
kertas
papel
tulis
escribir
pen
bolígrafo
meja
escritorio
pembaris
regla
buku
libro
murid
alumno

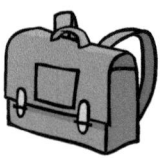

beg galas
mochila escolar

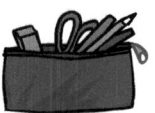

kotak pensel
caja de lápices

pensel
lápiz

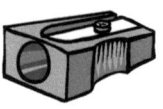

pengasah pensel
sacapuntas

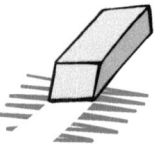

pemadam
goma de borrar

kertas lukisan
bloc de dibujo

melukis
dibujo

berus lukis
pincel

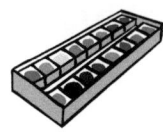

kotak warna
caja de pinturas

gunting
tijera

gam
pegamento

buku latihan
libro de ejercicios

kerja rumah
tarea

12

nombor
número

2+2

tambah
sumar

5-2

tolak
restar

2×2

darab
multiplicar

kira
calcular

A

huruf
letra

ABCDEFG
HIJKLMN
OPQRSTU
VWXYZ

abjad
alfabeto

hello

kata
palabra

teks

texto

baca

leer

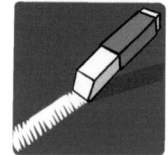

kapur

tiza

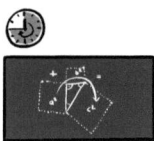

pelajaran

lección

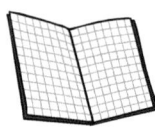

daftar

libro de clase

peperiksaan

examen

sijil

certificado

uniform sekolah

uniforme escolar

pendidikan

educación

ensiklopedia

enciclopedia

universiti

universidad

mikroskop

microscopio

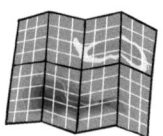

peta

mapa

bakul sampah

cesto de papeles

berjalan
viaje

hotel
hotel
Grand
asrama
albergue
ROOMS
pejabat tukaran mata wang
casa de cambio
beg pakaian
maleta
kereta
auto

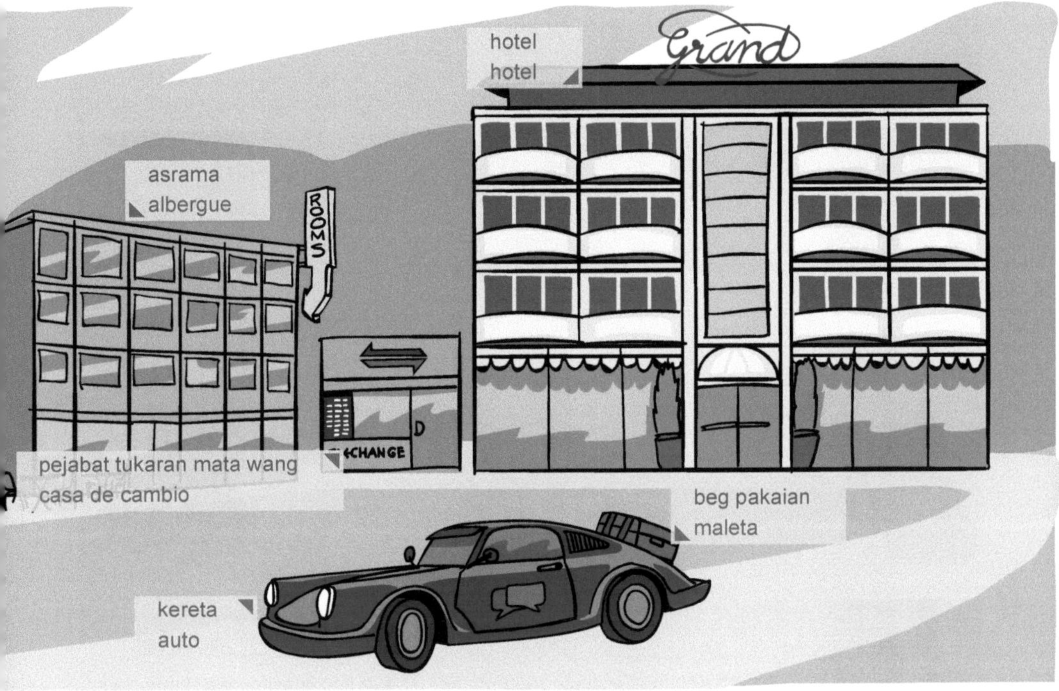

bahasa

idioma

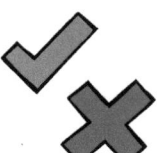

ya / tidak

sí / no

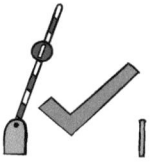

okey

ok

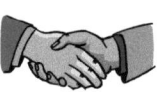

helo

hola

penterjemah

intérprete

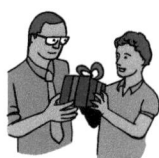

Terima kasih

gracias

berapa banyak…?

¿Cuánto cuesta…?

saya tidak faham

No entiendo

masalah

problema

Selamat petang!

¡Buenas tardes!

Selamat Pagi!

¡Buenos días!

Selamat Malam!

¡Buenas noches!

selamat tinggal

adiós

arah

dirección

bagasi

equipaje

beg

bolso

beg galas

mochila

tetamu

invitado

bilik tidur

cuarto

beg tidur

saco de dormir

khemah

tienda de campaña

maklumat pelancong

información al turista

pantai

playa

kad kredit

tarjeta de crédito

sarapan

desayuno

makan tengah hari

almuerzo

makan malam

cena

tiket

pasaje

lif

ascensor

setem

sello

sempadan

límite

kastam

aduana

kedutaan

embajada

visa

visa

pasport

pasaporte

pengangkutan
transporte

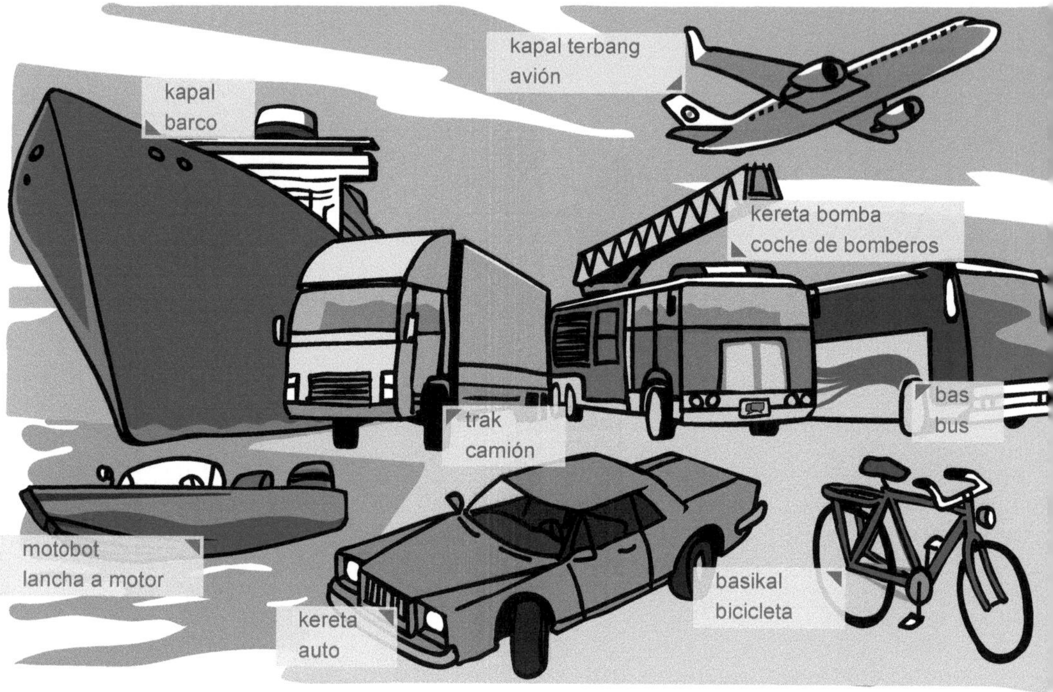
kapal terbang
avión
kapal
barco
kereta bomba
coche de bomberos
bas
bus
trak
camión
motobot
lancha a motor
basikal
bicicleta
kereta
auto

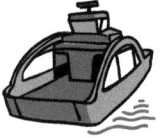

feri
balsa

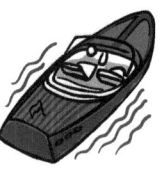

bot
lancha

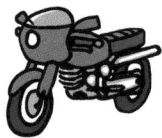

motosikal
motocicleta

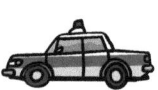

kereta polis
auto de policía

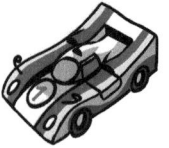

kereta lumba
auto de carreras

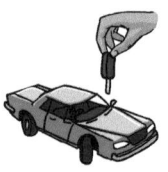

kereta sewa
auto de alquiler

berkongsi kereta

alquiler de autos

trak tunda

grúa

trak menolak

vehículo recolector de basura

motor

motor

bahan api

gasolina

stesen minyak

gasolinera

tanda trafik

señal de tráfico

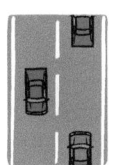

trafik

tránsito

kesesakan lalu lintas

atasco

tempat parkir

estacionamiento

stesen kereta api

estación de tren

trek

carril

kereta api

tren

trem

tranvía

gerabak

vagón

helikopter

helicóptero

lapangan terbang

aeropuerto

Menara

torre

penumpang

pasajero

bekas

contenedor

kadbod

caja de cartón

kart

carro

bakul

cesta

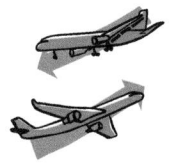

berlepas / mendarat

despegar / aterrizar

bandar

ciudad

kampung

aldea

pusat bandar

centro de la ciudad

rumah

casa

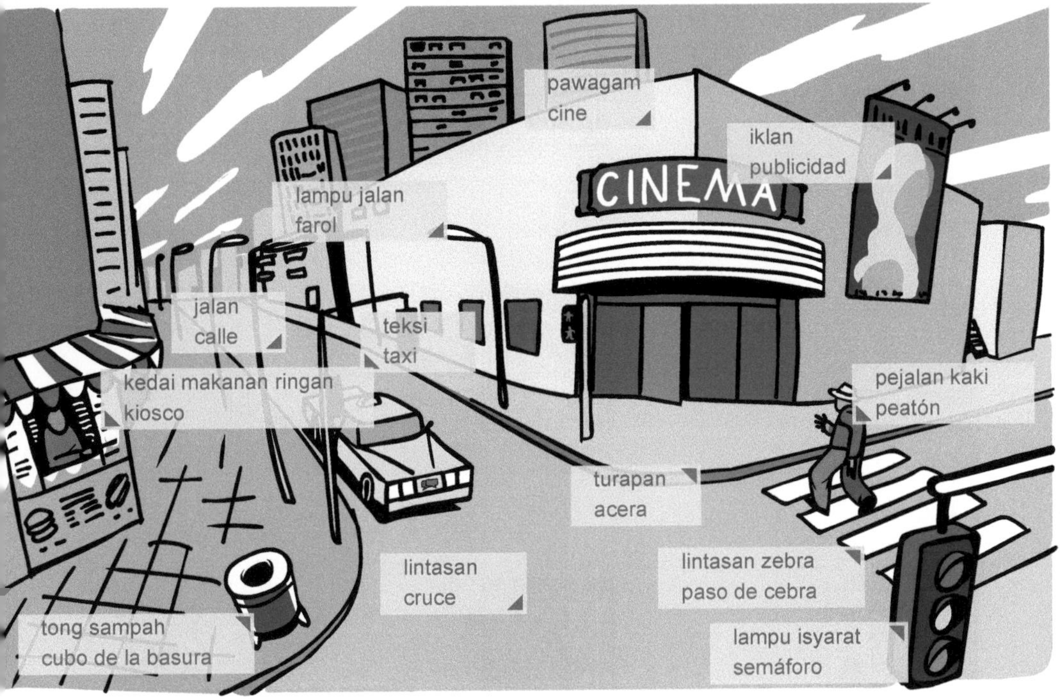

pawagam
cine

iklan
publicidad

lampu jalan
farol

CINEMA

jalan
calle

teksi
taxi

kedai makanan ringan
kiosco

pejalan kaki
peatón

turapan
acera

lintasan
cruce

lintasan zebra
paso de cebra

tong sampah
cubo de la basura

lampu isyarat
semáforo

pondok

cabaña

flat

apartamento

stesen kereta api

estación de tren

dewan bandar

ayuntamiento

muzium

museo

sekolah

escuela

universiti

universidad

bank

banco

hospital

hospital

hotel

hotel

farmasi

farmacia

pejabat

oficina

kedai buku

librería

kedai

negocio

kedai bunga

florería

pasar raya

supermercado

pasaran

mercado

gedung

grandes almacenes

penjual ikan

pescadería

pusat membeli-belah

centro comercial

pelabuhan

puerto

bandar - ciudad

taman
parque

bangku
banco

jambatan
puente

tangga
escalera

bawah tanah
metro

terowong
túnel

hentian bas
parada de autobuses

bar
bar

restoran
restaurante

peti surat
buzón de correo

papan tanda jalan
letrero

meter parkir
parquímetro

zoo
zoológico

kolam renang
piscina

masjid
mezquita

ladang
granja

pencemaran
polución

tanah perkuburan
cementerio

gereja
iglesia

taman permainan
parque infantil

kuil
templo

landskap
paisaje

daun
hoja

tiang tanda
indicador de camino

jalan
sendero

padang rumput
pradera

batu
piedra

pejalan kaki
caminante

pokok
árbol

sungai
río

rumput
pasto

bunga
flor

lembah

valle

bukit

montaña

tasik

lago

hutan

bosque

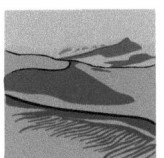

padang pasir

desierto

gunung berapi

volcán

istana

castillo

pelangi

arco iris

cendawan

seta

pokok kelapa sawit

palmera

nyamuk

mosquito

terbang

mosca

semut

hormiga

lebah

abeja

labah-labah

araña

landskap - paisaje

kumbang

escarabajo

katak

rana

tupai

ardilla

landak

erizo

arnab

liebre

burung hantu

lechuza

burung

pájaro

angsa

cisne

babi jantan

jabalí

rusa

ciervo

moose

alce

empangan

embalse

turbin angin

aerogenerador

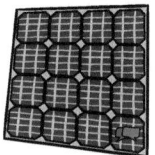

panel solar

módulo solar

iklim

clima

restoran
restaurante

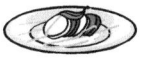

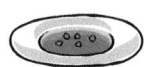

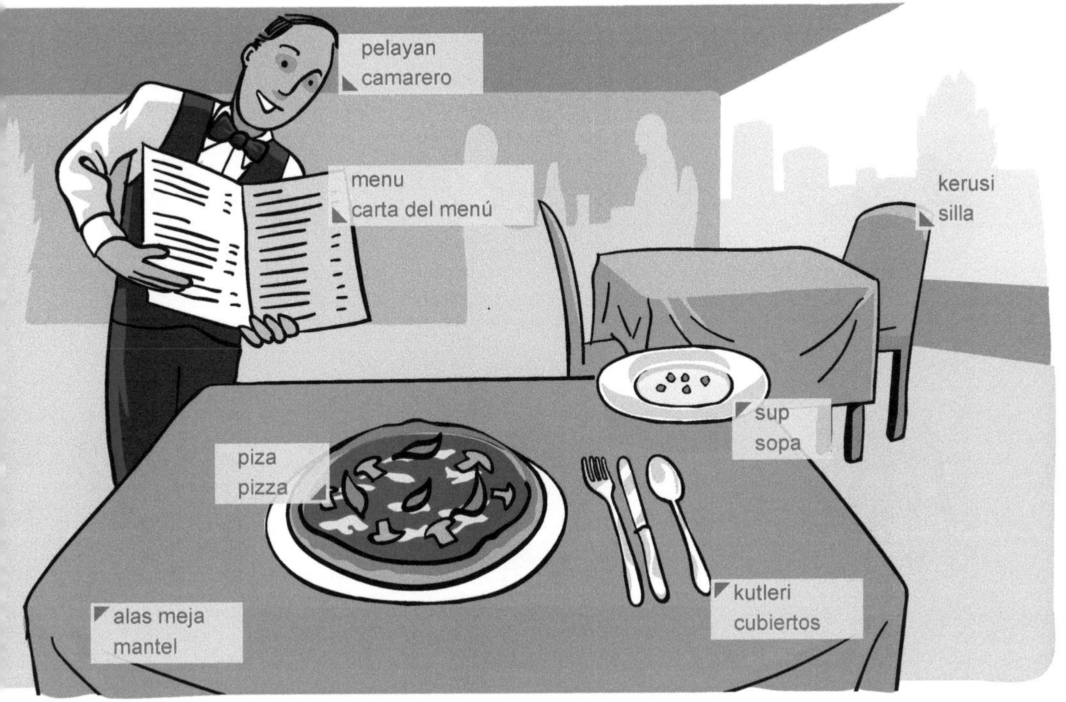
pelayan
camarero
menu
carta del menú
kerusi
silla
sup
sopa
piza
pizza
alas meja
mantel
kutleri
cubiertos

pemula

entrada

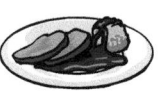

hidangan utama

plato principal

pencuci mulut

postre

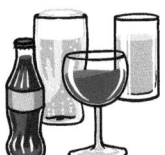

minuman

bebida

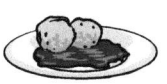

makanan

comida

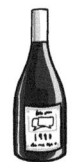

botol

botella

makanan segera

comida rápida

makanan jalanan

comida callejera

teko

tetera

mangkuk gula

azucarera

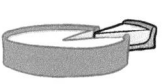

bahagian

porción

mesin espreso

máquina de espresso

kerusi tinggi

silla alta

bil

factura

dulang

bandeja

pisau

cuchillo

garfu

tenedor

sudu

cuchara

sudu teh

cuchara de té

serviette

servilleta

gelas

vaso

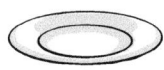

pinggan

plato

mangkuk sup

plato de sopa

piring

platillo

sos

salsa

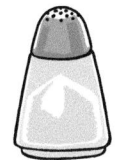

tempat garam

salero

pengisar lada

molinillo para pimienta

cuka

vinagre

minyak

aceite

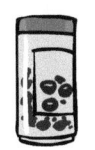

rempah

especias

sos

ketchup

mustard

mostaza

mayones

mayonesa

pasar raya
supermercado

tawaran istimewa
oferta
FOR
pelanggan
cliente
tenusu
productos lácteos
buah-buahan
fruta
troli
carrito de compras

BUTCHERS

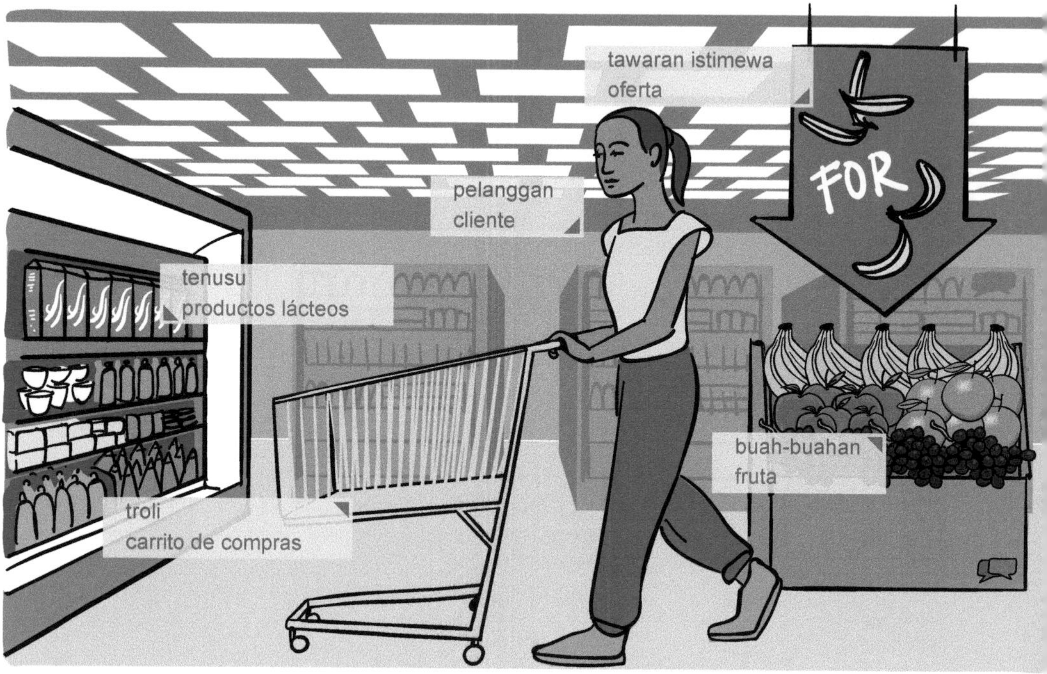

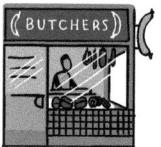

tukang daging

carnicería

BAKERY

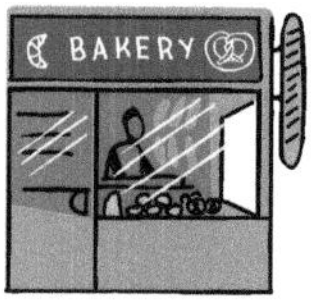

kedai roti

panadería

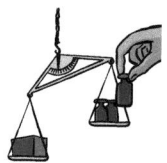

berat

pesar

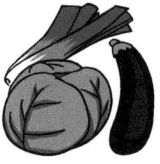

sayur-sayuran

verdura

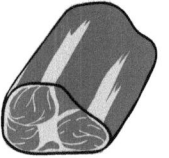

daging

carne

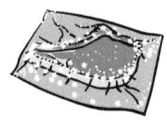

makanan sejuk beku

alimentos congelados

daging sejuk

fiambre

makanan dalam tin

conservas

serbuk pencuci

detergente en polvo

gula-gula

dulces

produk isi rumah

artículos domésticos

produk pembersihan

productos de limpieza

orang jualan

vendedora

daftar tunai

caja

juruwang

cajero

senarai membeli-belah

lista de compras

waktu pembukaan

horario de atención

beg duit

cartera

kad kredit

tarjeta de crédito

beg

maleta

beg plastik

bolsa plástica

air

agua

jus

jugo

susu

leche

kola

refresco de cola

wain

vino

bir

cerveza

alkohol

alcohol

koko

cacao

the

té

kopi

café

espreso

espresso

kapucino

cappuccino

pisang

banana

epal

manzana

oren

naranja

tembikai

sandía

lemon

limón

lobak merah

zanahoria

bawang putih

ajo

buluh

bambú

bawang

cebolla

cendawan

seta

kacang

nueces

mi

fideos

spageti

espagueti

nasi

arroz

salad

ensalada

kerepek

patatas fritas

kentang goreng

patatas salteadas

piza

pizza

hamburger

hamburguesa

sandwic

sándwich

kutlet

escalope

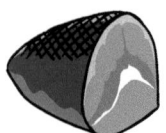

ham

jamón

salami

salame

sosej

embutido

ayam

pollo

panggang

asado

ikan

pescado

bubur oat

copos de avena

muesli

musli

emping jagung

copos de maíz tostado

tepung

harina

kroisan

croissant

roti roll

panecillo

roti

pan

roti bakar

tostada

biskut

galletas

mentega

mantequilla

dadih

cuajada

kek

pastel

telur

huevo

telur goreng

huevo frito

keju

queso

makanan - comida

ais krim

helado

gula

azúcar

madu

miel

jem

mermelada

krim nougat

praliné

kari

curry

ladang
granja

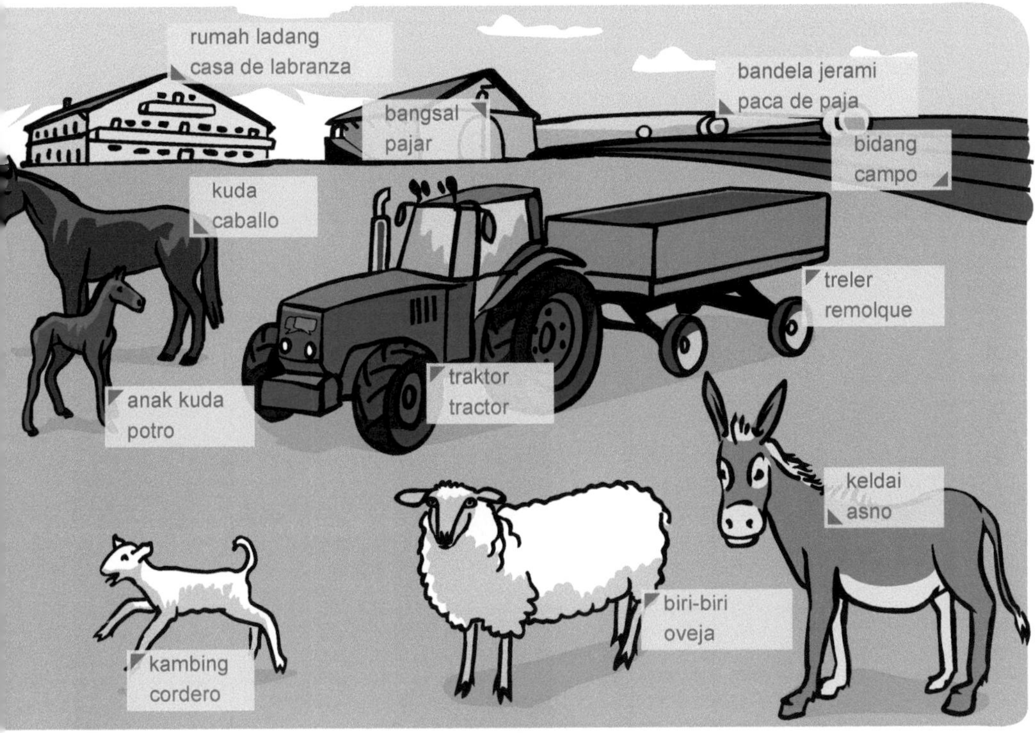
rumah ladang
casa de labranza
bangsal
pajar
bandela jerami
paca de paja
bidang
campo
kuda
caballo
treler
remolque
anak kuda
potro
traktor
tractor
keldai
asno
biri-biri
oveja
kambing
cordero

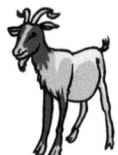

kambing

cabra

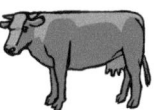

lembu

vaca

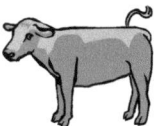

anak lembu

ternero

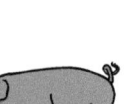

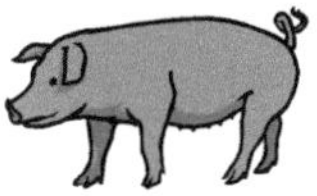

babi

cerdo

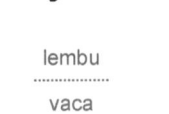

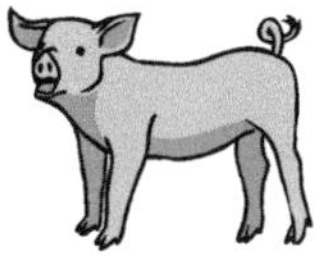

anak babi

lechón

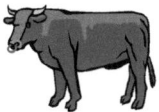

lembu

toro

angsa

ganso

itik

pato

anak ayam

polluelo

ayam betina

pollo

ayam jantan muda

gallo

tikus

rata

kucing

gato

tikus

ratón

lembu jantan

buey

anjing

perro

rumah anjing

caseta del perro

hos taman

manguera de riego

bekas siraman

regadera

sabit

guadaña

bajak

arado

sabit
hoz

cangkul
azada

serampang peladang
bieldo

kapak
hacha

kereta sorong
carretilla

palung
abrevadero

tin susu
lechera

karung
saco

pagar
cerca

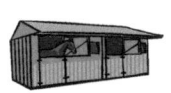

stabil
establo

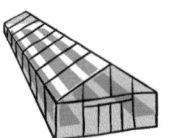

rumah hijau
invernadero

tanah
suelo

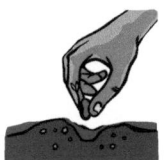

benih
semilla

baja
fertilizante

jentuai
cosechadora

tuai

cosechar

menuai

cosecha

keladi

raíz de ñame

gandum

trigo

soya

soja

kentang

patata

jagung

maíz

biji sawi

colza

pokok buah-buahan

Árbol frutal

ubi kayu

mandioca

bijirin

cereales

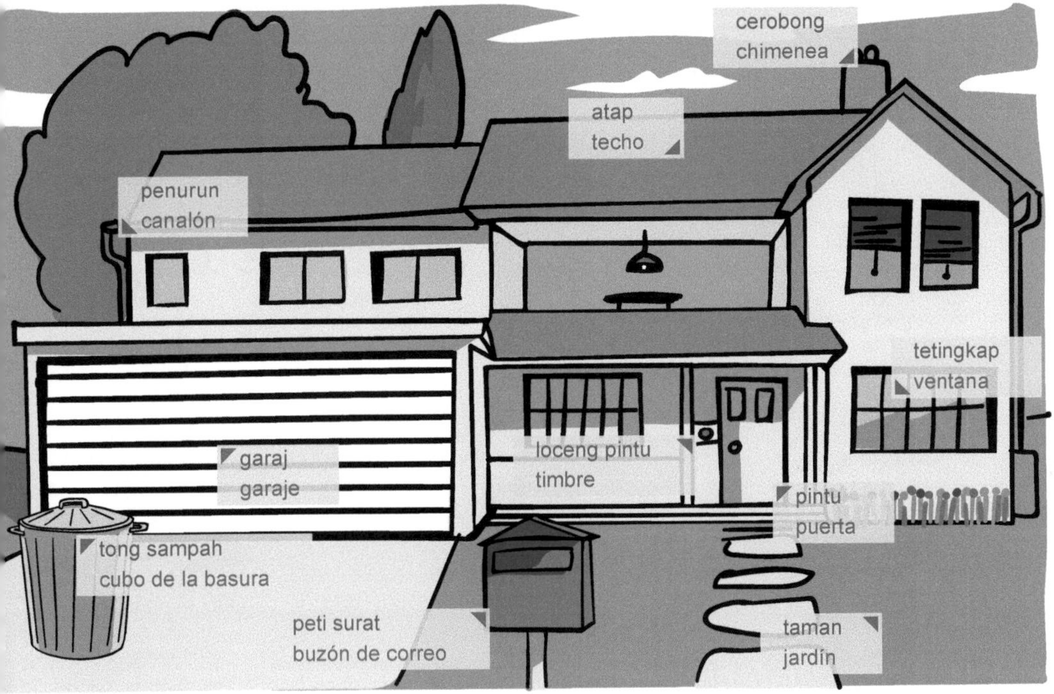

cerobong
chimenea

atap
techo

penurun
canalón

tetingkap
ventana

garaj
garaje

loceng pintu
timbre

pintu
puerta

tong sampah
cubo de la basura

peti surat
buzón de correo

taman
jardín

ruang tamu
cuarto de estar

bilik air
cuarto de baño

dapur
cocina

bilik tidur
dormitorio

bilik kanak-kanak
cuarto de los niños

ruang makan
comedor

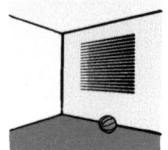

lantai

piso

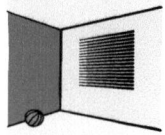

dinding

pared

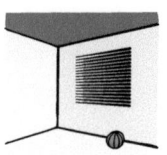

siling

cielorraso

bilik bawah tanah

sótano

sauna

sauna

balkoni

balcón

teres

terraza

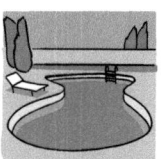

kolam renang

piscina

pemotong rumput

cortacésped

lembaran

funda nórdica

penutup tilam

edredón

katil

cama

penyapu

escoba

timba

cubo

suis

interruptor

ruang tamu

cuarto de estar

kertas dinding
papel para empapelar
gambar
imagen
lampu
lámpara
rak
estante
kabinet
gabinete
televisyen
televisor
pendiangan
hogar
bunga
flor
kusyen
cojín
sofa
sofá
pasu
florero
alat kawalan jauh
control remoto

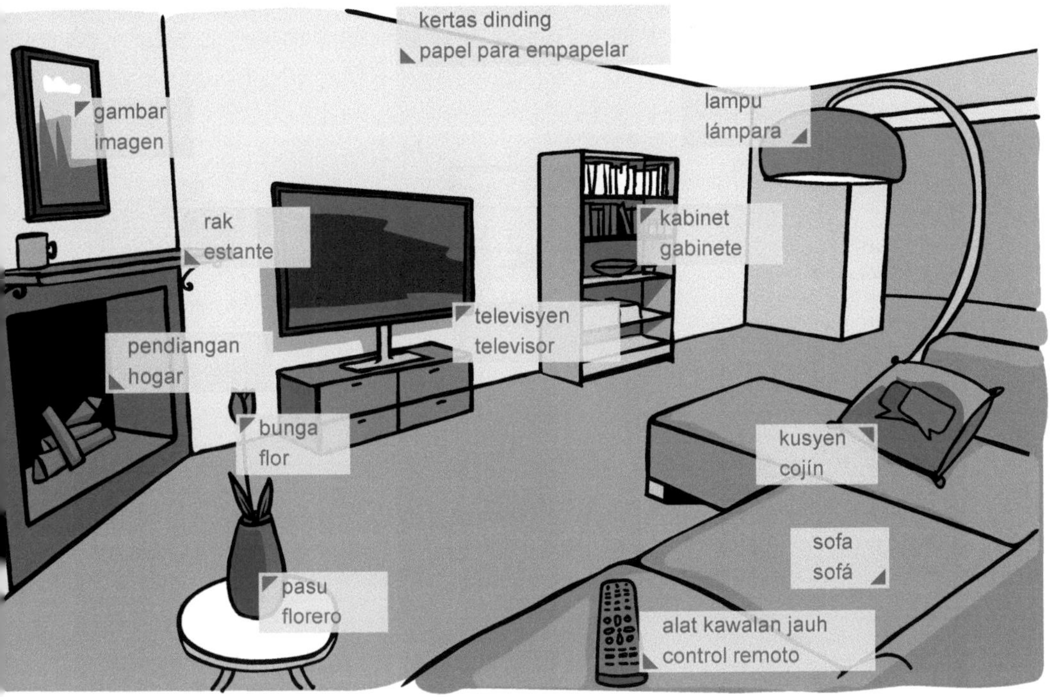

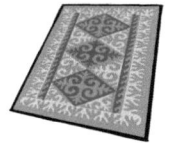

permaidani
alfombra

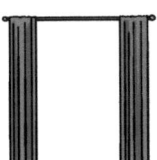

tirai
cortina

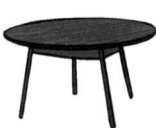

meja
mesa

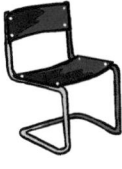

kerusi
silla

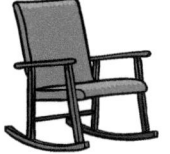

kerusi malas
mecedora

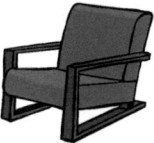

kerusi
sillón

buku

libro

selimut

frazada

hiasan

decoración

kayu api

leña

filem

film

hi-fi

equipo estereofónico

kunci

llave

akhbar

periódico

lukisan

cuadro

poster

póster

radio

radio

buku catatan

bloc de notas

penyedut habuk

aspiradora

kaktus

cactus

lilin

vela

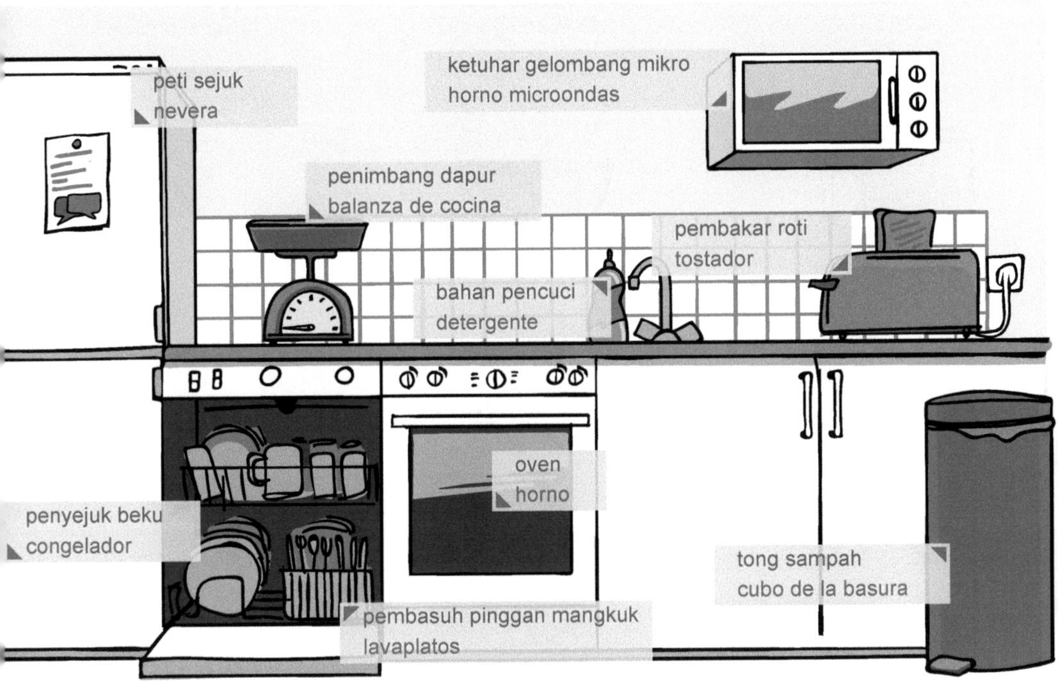

ketuhar gelombang mikro
horno microondas

peti sejuk
nevera

penimbang dapur
balanza de cocina

pembakar roti
tostador

bahan pencuci
detergente

oven
horno

penyejuk beku
congelador

tong sampah
cubo de la basura

pembasuh pinggan mangkuk
lavaplatos

periuk dapur
....
cocina

periuk
....
olla

periuk besi
....
olla de fundición de hierro

kuali
....
wok / kadai

pan
....
sartén

cerek
....
hervidor de agua

pengukus

olla de vapor

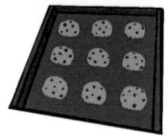

dulang pembakar

bandeja de horno

pinggan mangkuk

vajilla

koleh

vaso

mangkuk

bol

penyepit

palillos para comer

senduk

cucharón de sopa

spatula

espátula

pengadun

batidor

penapis

colador

ayak

cedazo

pemarut

rallador

mortar

mortero

barbeku

parrillada

pembakaran terbuka

fogata

papan pencincang

tabla de picar

pin golekan

rodillo

skru gabus

sacacorchos

tin

lata

pembuka tin

abrelatas

pemegang periuk

agarrador

sinki

fregadero

berus

cepillo

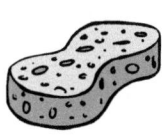

span

esponja

pengisar

batidora

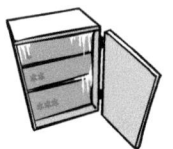

penyejuk beku

arcón congelador

botol bayi

biberón

paip

grifo

bilik air

cuarto de baño

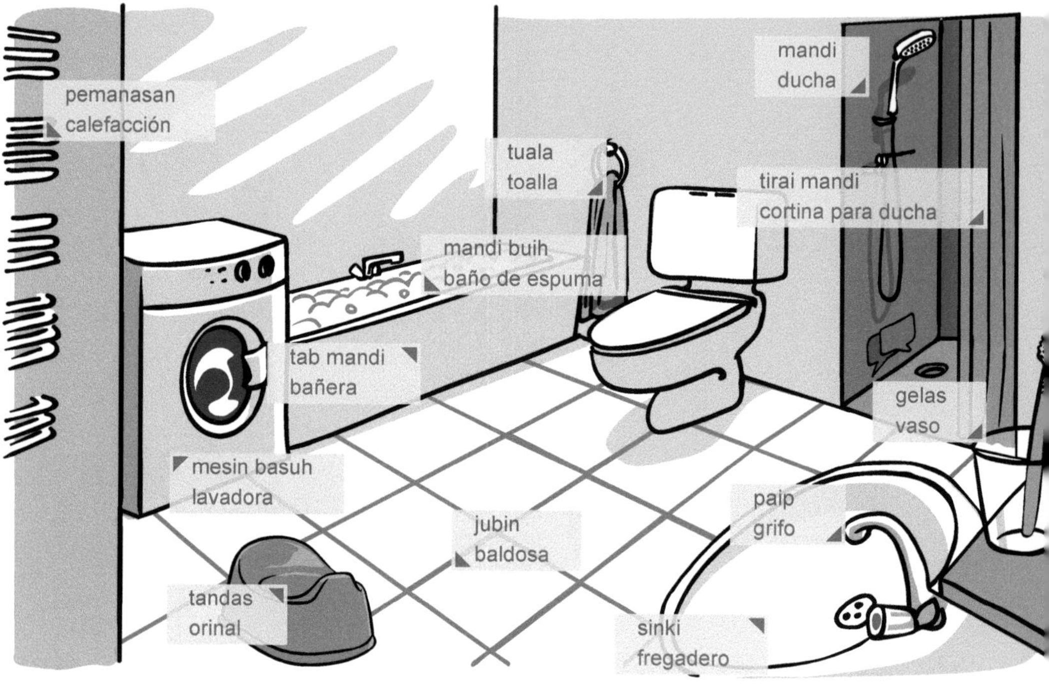

pemanasan
calefacción
mandi
ducha
tuala
toalla
tirai mandi
cortina para ducha
mandi buih
baño de espuma
tab mandi
bañera
gelas
vaso
mesin basuh
lavadora
paip
grifo
jubin
baldosa
tandas
orinal
sinki
fregadero

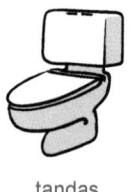

tandas

cuarto de baño

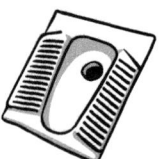

tandas mencangkung

placa turca

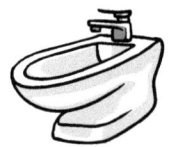

mangkuk tandas

bidé

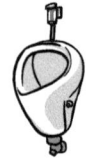

tandas awam

urinario

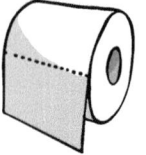

kertas tandas

papel higiénico

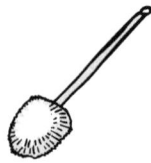

berus tandas

escobilla para el cuarto de baño

berus gigi

cepillo de dientes

ubat gigi

pasta dentífrica

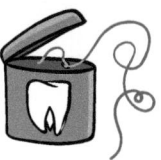

flos gigi

seda dental

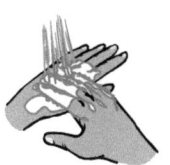

cuci

lavar

mandian tangan

ducha teléfono

pancuran

ducha higiénica

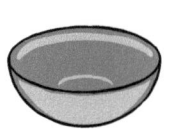

besen

cuenco

belakang berus

cepillo para la espalda

sabun

jabón

gel mandian

gel de ducha

syampu

champú

flanel

manopla para baño

longkang

desagüe

krim

crema

deodoran

desodorante

cermin

espejo

cermin tangan

espejo de maquillaje

pisau cukur

máquina de afeitar

busa cukur

espuma de afeitar

selepas cukur

loción para después del afeitado

sikat

peine

berus

cepillo

pengering rambut

secador para cabello

semburan rambut

laca de peinado

mekap

maquillaje

gincu

lápiz labial

varnis kuku

laca para uñas

bulu kapas

algodón

gunting kuku

tijera para uñas

pewangi

perfume

beg basuhan

neceser

bangku

taburete

skala berat

balanza

jubah mandi

bata de baño

sarung tangan getah

guantes de goma

kapas

tampón

tuala wanita

compresa

tandas kimia

wáter químico

bilik kanak-kanak

cuarto de los niños

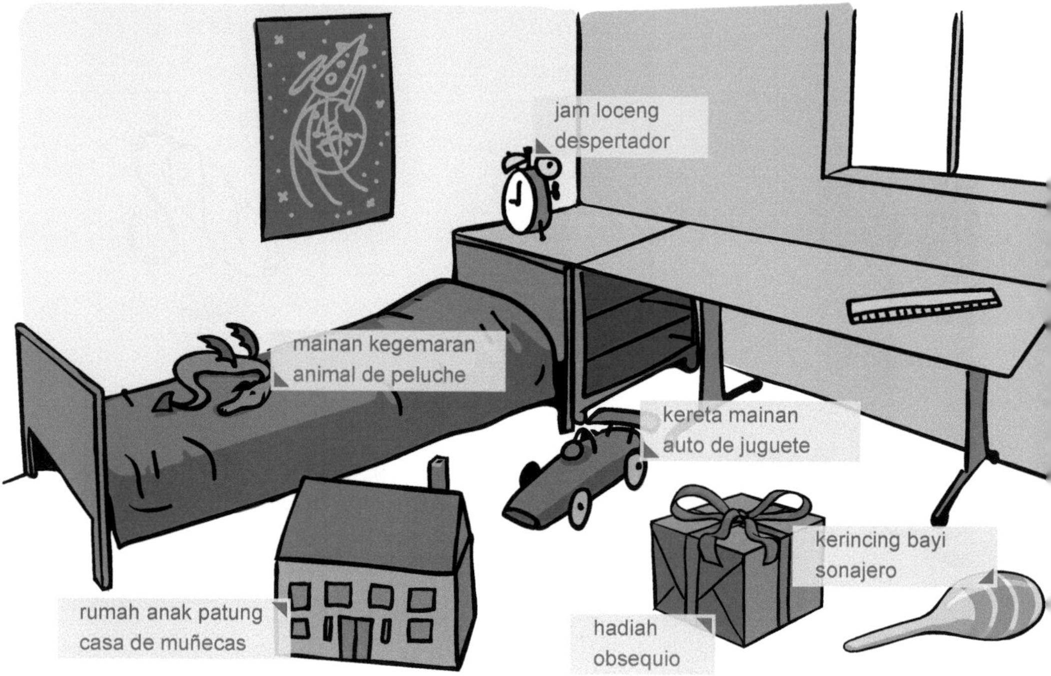
jam loceng
despertador
mainan kegemaran
animal de peluche
kereta mainan
auto de juguete
kerincing bayi
sonajero
rumah anak patung
casa de muñecas
hadiah
obsequio

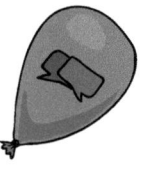

belon

globo

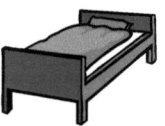

katil

cama

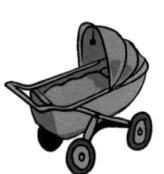

kereta sorong bayi

cochecito para niños

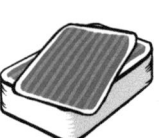

set kad

juego de barajas

susun suai gambar

rompecabezas

SUPER
MEGA

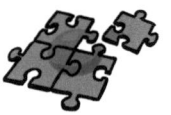

komik

cómic

batu bata lego
piezas de Lego

blok mainan
bloques para jugar

figura aksi
figura de acción

baju bayi
pijama de una pieza

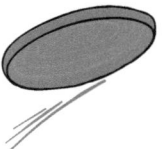

frisbee
frisbee

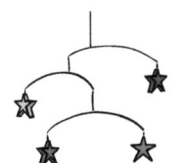

mainan bayi mudah alih
móvil

permainan papan
juego de mesa

dadu
dado

set model kereta api
tren eléctrico a escala

palsu
chupete

parti
fiesta

buku bergambar
libro de dibujos

bola
pelota

anak patung
títere

main
jugar

lubang pasir

arenero

buai

columpio

mainan

juguetes

konsol permainan video

consola de videojuego

basikal roda tiga

triciclo

anak patung beruang

osito de peluche

almari pakaian

guardarropa

pakaian

vestimenta

stoking

calcetines

stoking

medias

ketat

panti

skarf
chal

payung
paraguas

eselamatan

kemeja-t
camiseta

but
botas

selipar
zapatilla

kasut sukan
deportivas

sandal	kasut	but getah
sandalias	zapatos	botas de goma
seluar dalam	coli	ves
ropa interior	corpiño	camiseta

badan

body

Seluar panjang

pantalón

jean

jeans

skirt

falda

blaus

blusa

kemeja

camisa

baju panas sarung

pullover

sweater

sweater

blazer

blazer

jaket

chaqueta

kot

abrigo

baju hujan

impermeable

kostum

traje chaqueta

pakaian

vestido

baju pengantin

vestido de bodas

sut
traje

baju tidur
camisón

baju tidur
pijama

sari
sari

skarf kepala
pañuelo de cabeza

serban
turbante

burqa
burka

kaftan
caftán

abaya/jubah
abaya

baju renang
traje de baño

seluar renang
bañador

seluar pendek
shorts

sut balapan
chándal

apron
delantal

sarung tangan
guante

butang

botón

cermin mata

gafa

gelang tangan

brazalete

rantai leher

cadena

cincin

anillo

subang

aro

topi

gorra

penyangkut kot

percha

topi

sombrero

tali leher

corbata

zip

cierre a cremallera

topi keledar

casco

pendakap

tiradores

uniform sekolah

uniforme escolar

seragam

uniforme

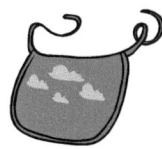

lapik dada

babero

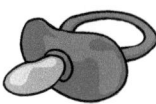

palsu

chupete

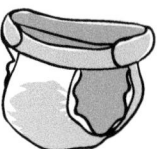

lampin

pañal

pejabat
oficina

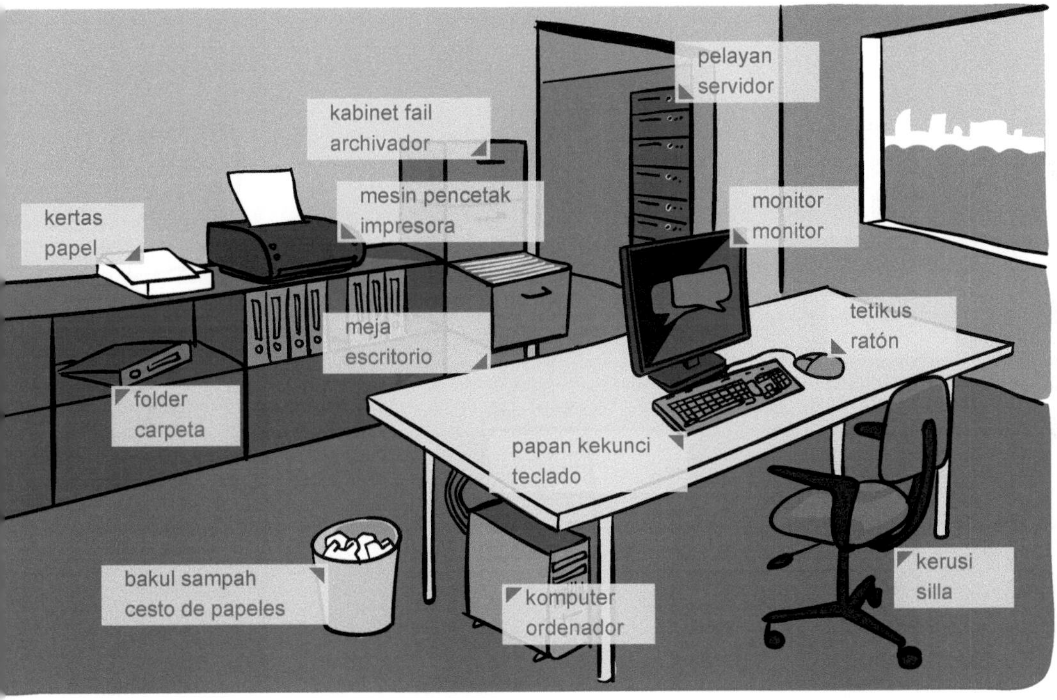

pelayan
servidor
kabinet fail
archivador
kertas
papel
mesin pencetak
impresora
monitor
monitor
tetikus
ratón
meja
escritorio
folder
carpeta
papan kekunci
teclado
bakul sampah
cesto de papeles
komputer
ordenador
kerusi
silla

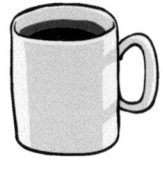

cawan kopi

taza de café

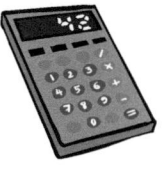

kalkulator

calculadora

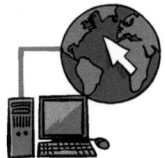

internet

internet

komputer riba

laptop

surat

carta

mesej

mensaje

mudah alih

teléfono móvil

rangkaian

red

mesin fotokopi

fotocopiadora

perisian

software

telefon

teléfono

soket plag

tomacorriente

mesin faks

máquina de fax

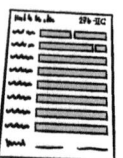

bentuk

formulario

dokumen

documento

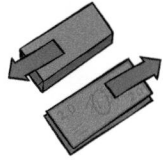

beli

comprar

bayar

pagar

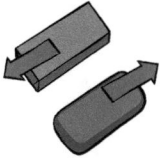

berdagang

comerciar

wang

dinero

dolar

dólar

euro

euro

yen

yen

rubel

rublo

franc swiss

franco

renminbi yuan

renminbi

rupee

rupia

mata tunai

cajero automático

pejabat tukaran mata wang

casa de cambio

emas

oro

perak

plata

minyak

petróleo

tenaga

energía

harga

precio

kontrak

contrato

cukai

impuesto

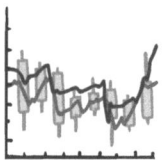

stok

acción

kerja

trabajar

pekerja

empleado

majikan

empleador

kilang

fábrica

kedai

negocio

ekonomi - economía

pekerjaan
ocupaciones

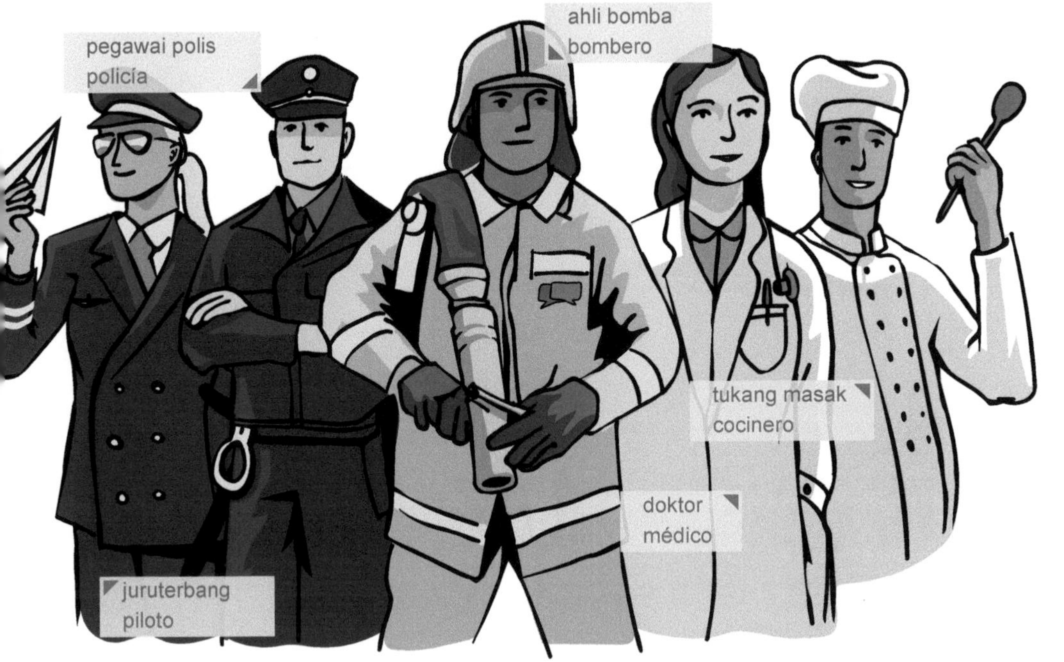
pegawai polis
policía
ahli bomba
bombero
tukang masak
cocinero
doktor
médico
juruterbang
piloto

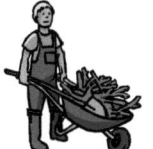

tukang kebun

jardinero

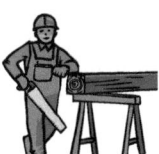

tukang kayu

carpintero

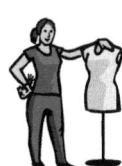

tukang jahit

costurera

hakim

juez

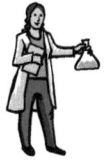

ahli kimia

químico

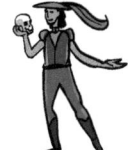

pelakon

actor

pemandu bas

conductor de autobús

pemandu teksi

taxista

nelayan

pescador

wanita pencuci

mujer de la limpieza

kasau

techista

pelayan

camarero

pemburu

cazador

pelukis

pintor

bakeri

panadero

juruelektrik

electricista

pembangun

albañil

jurutera

ingeniero

penjual daging

carnicero

tukang paip

fontanero

posmen

cartero

askar

soldado

arkitek

arquitecto

juruwang

cajero

kedai bunga

florista

pendandan rambut

peluquero

konduktor

cobrador

mekanik

mecánico

kapten

capitán

doktor gigi

odontólogo

ahli sains

científico

tuhanku

rabino

imam

imam

sami

monje

paderi

párroco

alat
herramientas

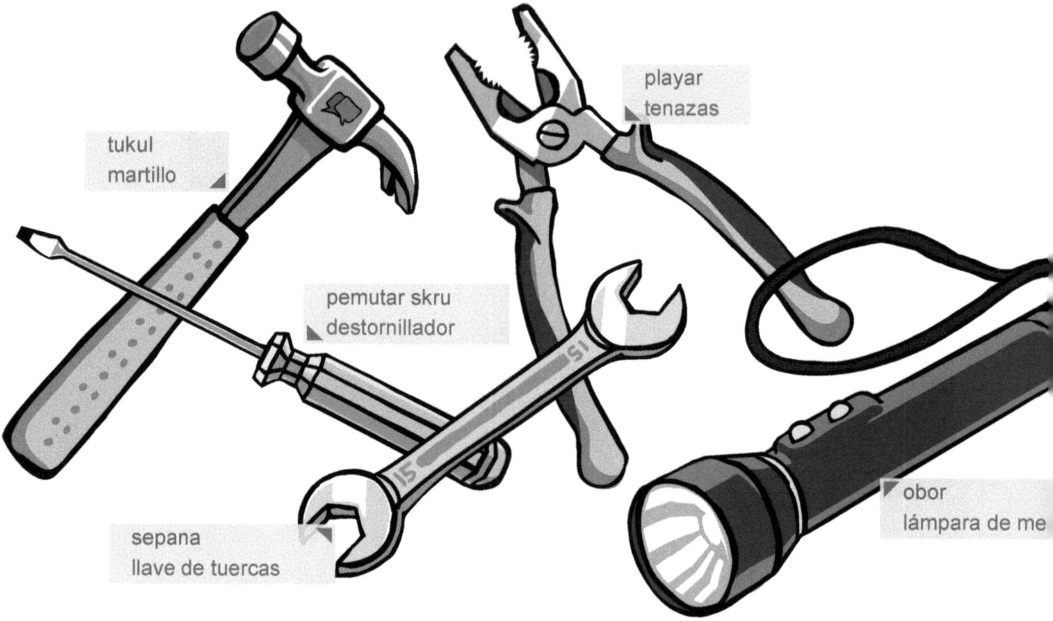
tukul
martillo
playar
tenazas
pemutar skru
destornillador
sepana
llave de tuercas
obor
lámpara de me

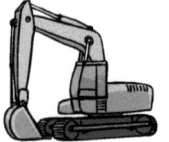

pengorek

excavadora

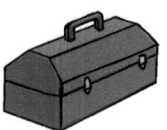

kotak peralatan

caja de herramientas

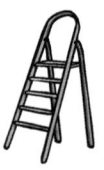

tangga

escalerilla

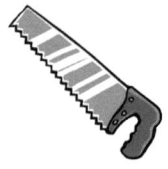

gergaji

serrucho

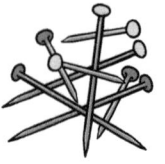

kuku

clavos

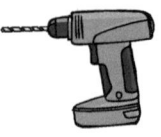

gerudi

taladro

baiki

reparar

penyodok

pala

Celaka!

¡Maldición!

penadah sampah

recogedor

periuk cat

lata de pintura

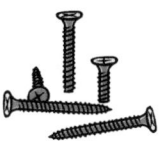

skru

tornillos

alat muzik

instrumentos musicales

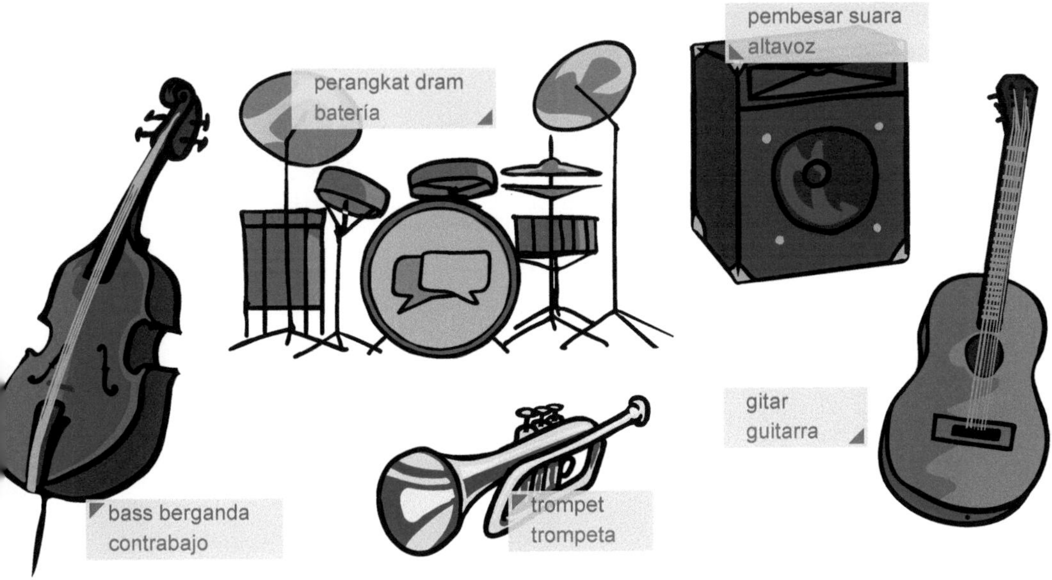

pembesar suara
altavoz

perangkat dram
batería

gitar
guitarra

bass berganda
contrabajo

trompet
trompeta

piano

piano

biola

violín

bass

bajo

timpani

timbales

dram

tambor

papan kekunci

teclado

saksofon

saxofón

seruling

flauta

mikrofon

micrófono

zoo

zoológico

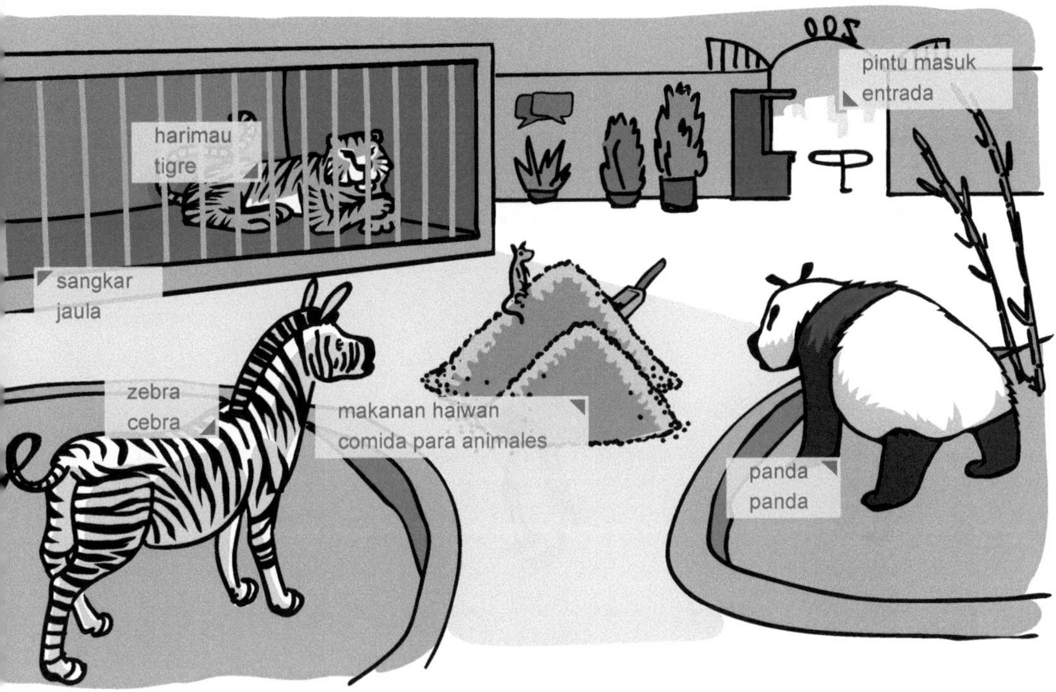

pintu masuk
entrada
harimau
tigre
sangkar
jaula
zebra
cebra
makanan haiwan
comida para animales
panda
panda

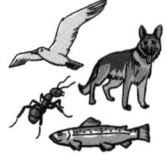

haiwan
animales

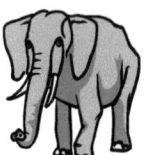

gajah
elefante

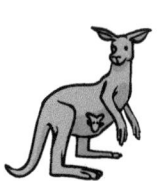

kanggaru
canguro

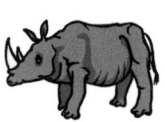

badak sumbu
rinoceronte

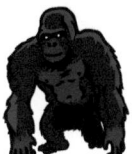

gorila
gorila

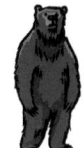

beruang
oso

unta

camello

burung unta

avestruz

singa

león

monyet

mono

flamingo

flamengo

nuri

papagayo

beruang kutub

oso polar

penguin

pingüino

yu

tiburón

merak

pavo real

ular

serpiente

buaya

cocodrilo

penjaga zoo

cuidador del zoológico

anjing laut

foca

jaguar

jaguar

zoo - zoológico

kuda

pony

harimau

leopardo

badak air

hipopótamo

zirafah

jirafa

helang

águila

babi jantan

jabalí

ikan

pescado

penyu

tortuga

anjing laut

morsa

musang

zorro

rusa

gacela

bola sepak Amerika
fútbol americano

berbasikal
ciclismo

tenis
tenis

bola keranjang
baloncesto

renang
natación

tinju
boxeo

hoki ais
hockey sobre hielo

bola sepak
fútbol

badminton
badminton

olahraga
atletismo

bola baling
balonmano

ski
esquí

polo
polo

lompat
saltar

ketawa
reír

peluk
abrazar

berjalan
caminar

menyanyi
cantar

mimpi
soñar

berdoa
rezar

cium
besar

tulis
escribir

lukis
dibujar

tunjuk
mostrar

tolak
presionar

beri
dar

ambil
tomar

aktiviti - actividades

63

ada
tener

buat
hacer

ialah
ser

berdiri
estar de pie

lari
correr

tarik
tirar

buang
arrojar

jatuh
caer

tipu
estar acostado

tunggu
esperar

bawa
llevar

duduk
estar sentado

pakai
vestirse

tidur
dormir

bangkit
despertar

lihat pada

mirar

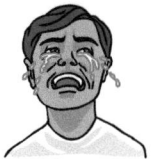

menangis

llorar

strok

acariciar

sikat

peinarse

cakap

conversar

faham

entender

tanya

preguntar

dengar

oír

minum

beber

makan

comer

mengemas

asear

sayang

amar

masak

cocinar

pandu

conducir

terbang

volar

belayar

navegar

kira

calcular

baca

leer

belajar

aprender

kerja

trabajar

nikah

casarse

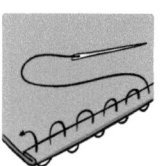

jahit

coser

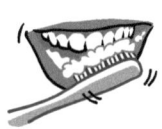

memberus gigi

limpiarse los dientes

bunuh

matar

asap

fumar

hantar

enviar

nenek
abuela

datuk
abuelo

bapa
padre

ibu
madre

bayi
bebé

anak perempuan
hija

anak lelaki
hijo

tetamu

invitado

mak cik

tía

pak cik

tío

abang

hermano

kakak

hermana

badan
cuerpo

dahi
frente
mata
ojo
bahu
hombro
jari
dedo
muka
cara
dagu
barbilla
tangan
mano
kaki
pierna
dada
pecho
lengan
brazo

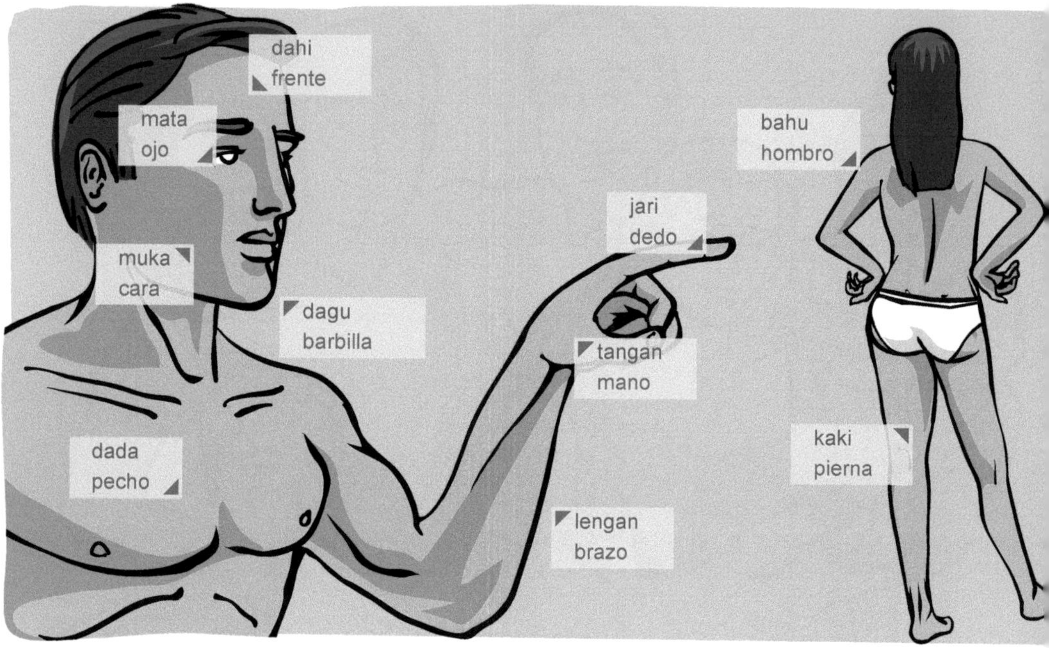

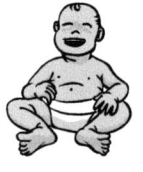

bayi

bebé

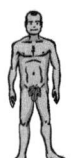

lelaki

hombre

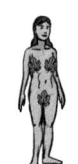

wanita

mujer

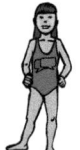

perempuan

muchacha

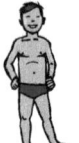

lelaki

joven

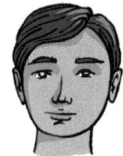

kepala

cabeza

belakang
espalda

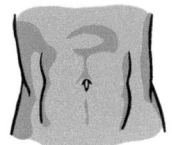

bawah perut
vientre

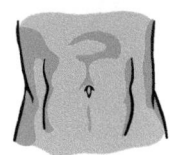

pusat
ombligo

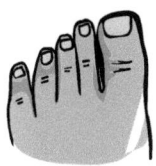

jari kaki
dedo del pie

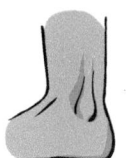

tumit
talón

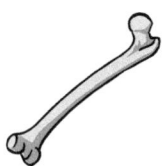

tulang
hueso

pinggul
cadera

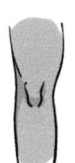

lutut
rodilla

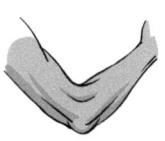

siku
codo

hidung
nariz

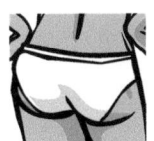

bawah
trasero

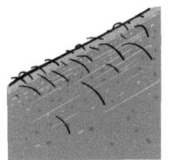

kulit
piel

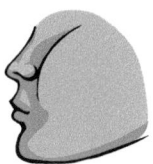

pipi
mejilla

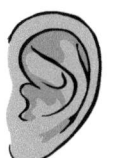

telinga
oreja

bibir
labio

badan - cuerpo

mulut

boca

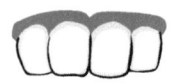

gigi

diente

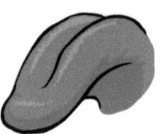

lidah

lengua

otak

cerebro

hati

corazón

otot

músculo

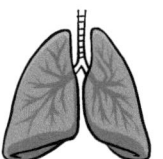

paru-paru

pulmón

hati

hígado

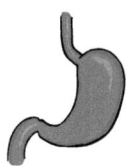

perut

estómago

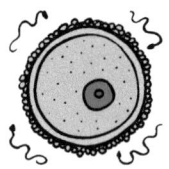

buah pinggang

riñones

seks

relación sexual

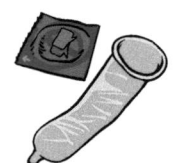

kondom

condón

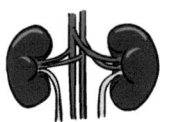

faraj

Óvulo

mani

esperma

mengandung

embarazo

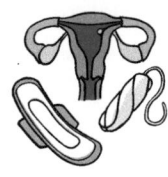

haid

menstruación

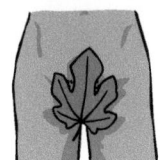

faraj

vagina

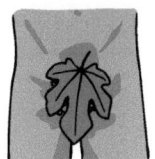

penis

pene

kening

ceja

rambut

cabello

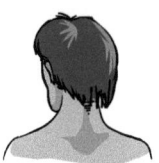

leher

cuello

hospital
hospital

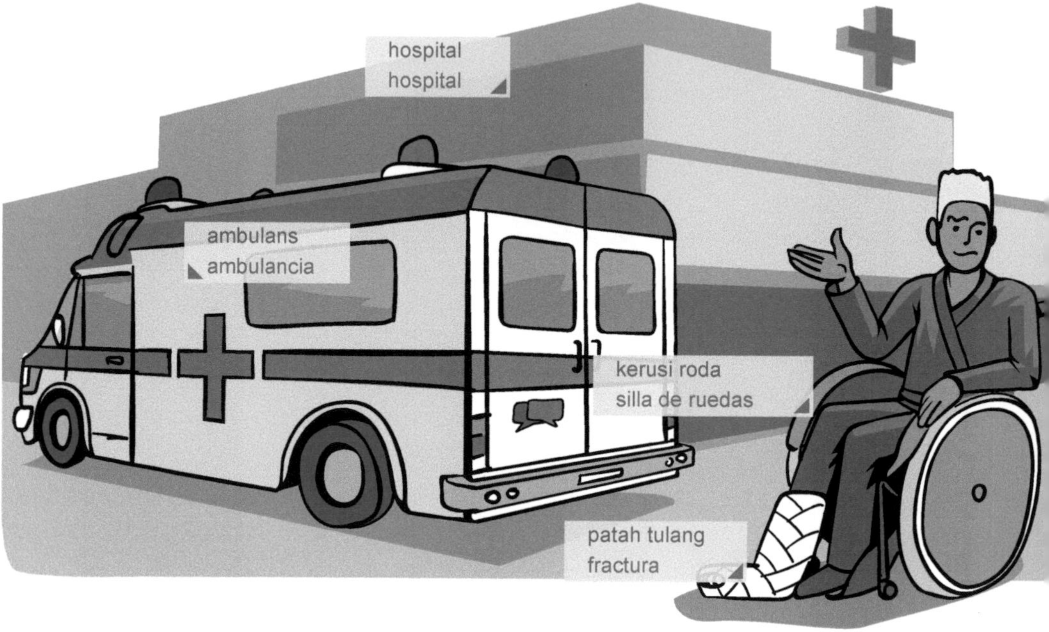

hospital
hospital
ambulans
ambulancia
kerusi roda
silla de ruedas
patah tulang
fractura

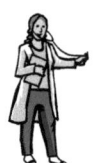

doktor

médico

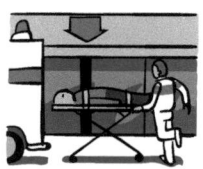

bilik kecemasan

admisión de urgencia

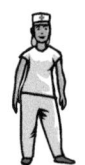

jururawat

enfermera

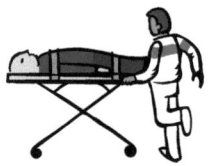

kecemasan

emergencia

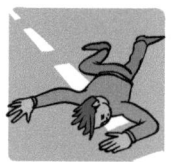

tak sedar

inconsciente

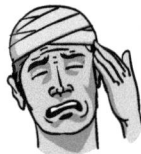

sakit

dolor

kecederaan

lesión

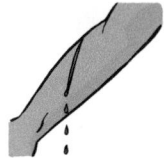

pendarahan

hemorragia

serangan jantung

infarto de miocardio

strok

apoplejía cerebral

alergi

alergia

batuk

tos

demam

fiebre

selesema

gripe

cirit-birit

diarrea

sakit kepala

dolor de cabeza

kanser

cáncer

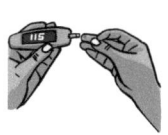

diabetes

diabetes

pakar bedah

cirujano

pisau bedah

escalpelo

pembedahan

operación

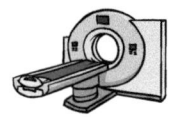

CT

TC

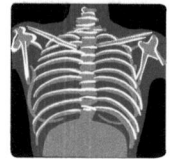

x-ray

rayos X

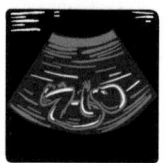

ultrabunyi

ultrasonido

topeng muka

máscara

penyakit

enfermedad

bilik menunggu

sala de espera

penongkat

muleta

plaster

emplasto

pembalut

vendaje

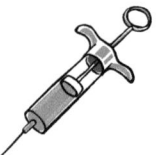

suntikan

inyección

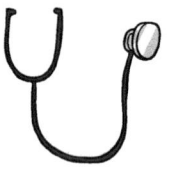

stetoskop

estetoscopio

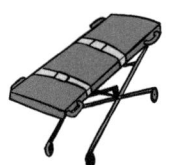

pengusung

camilla

termometer klinik

termómetro

kelahiran

nacimiento

berat badan berlebihan

sobrepeso

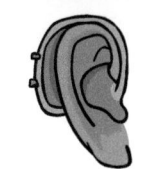

alat pendengaran

audífono

disinfektan

desinfectante

jangkitan

infección

virus

virus

HIV / AIDS

VIH / SIDA

perubatan

medicina

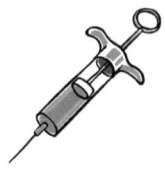

vaksinasi

vacunación

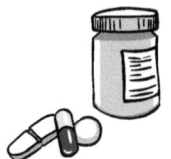

tablet

comprimido

pil

píldora anticonceptiva

panggilan kecemasan

llamada de emergencia

pantau tekanan darah

medidor de presión arterial

sakit / sihat

enfermo / saludable

Tolong!

¡Ayuda!

penggera

alarma

serang

asalto

serangan

ataque

bahaya

peligro

pintu kecemasan

salida de emergencia

Api!

¡Fuego!

alat pemadam api

extintor

kemalangan

accidente

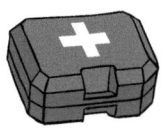

alat pertolongan cemas

kit de primeros auxilios

SOS

SOS

polis

Policía

Eropah

Europa

Amerika Utara

América del Norte

Amerika Selatan

América del Sur

Afrika

África

Asia

Asia

Australia

Australia

Atlantic

Atlántico

Pasifik

Pacífico

Lautan Hindi

Océano Índico

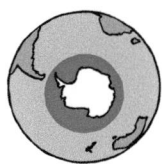

Lautan Antartik

Océano Antártico

Lautan Artik

Océano Ártico

Kutub utara

Polo Norte

Kutub Selatan

Polo Sur

Antartika

Antártida

bumi

Tierra

tanah

país

laut

mar

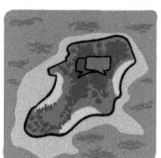

pulau

isla

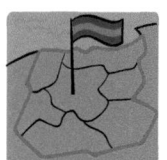

negara

nación

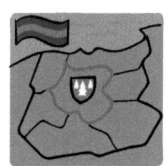

negeri

Estado

muka jam

cuadrante

tangan jam

horario

tangan minit

minutero

terpakai

segundero

Jam berapa sekarang

¿Qué hora es?

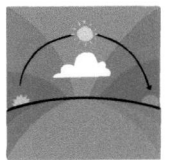

hari

día

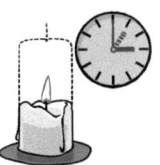

masa

tiempo

sekarang

ahora

jam digital

reloj digital

minit

minuto

jam

hora

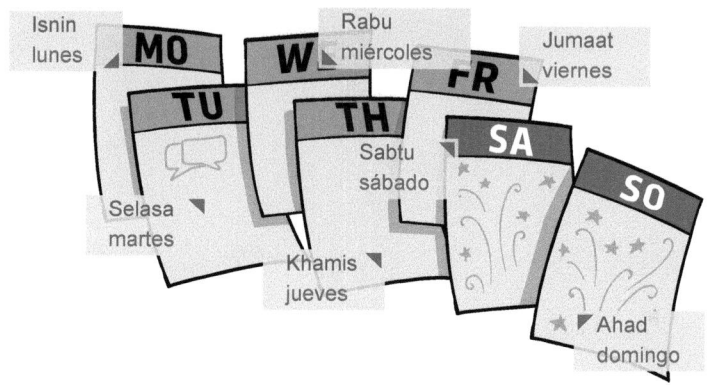

Isnin / lunes
Rabu / miércoles
Jumaat / viernes
Selasa / martes
Khamis / jueves
Sabtu / sábado
Ahad / domingo

semalam

ayer

hari ini

hoy

esok

mañana

pagi

mañana

tengah hari

mediodía

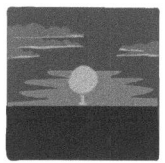

petang

tarde

hari kerja

jornada de trabajo

hari minggu

fin de semana

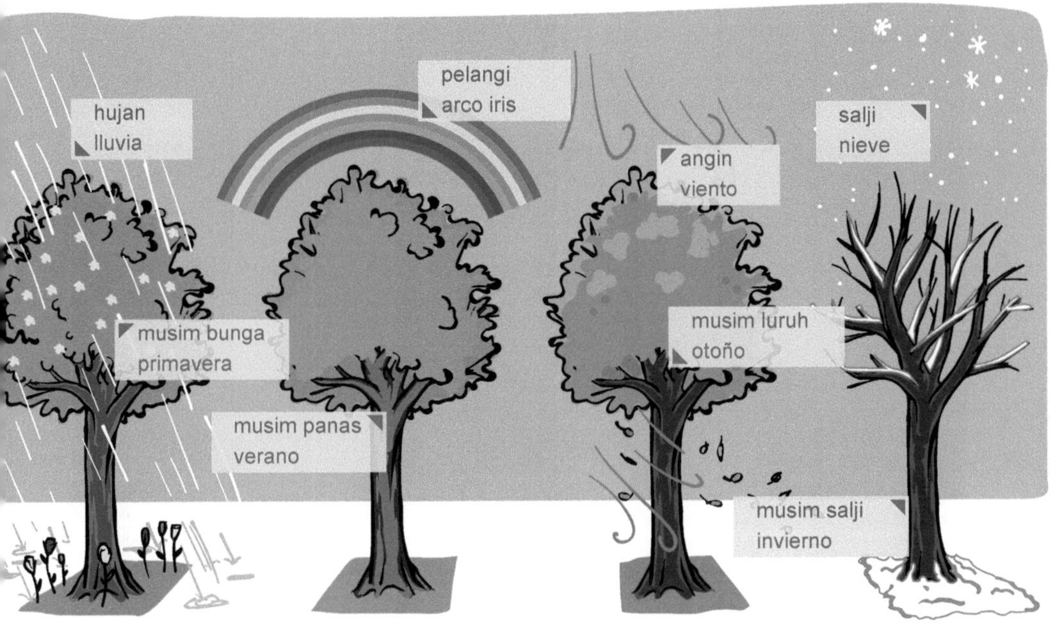

hujan
lluvia
pelangi
arco iris
salji
nieve
angin
viento
musim bunga
primavera
musim luruh
otoño
musim panas
verano
musim salji
invierno

4.APRIL 11°
5.APRIL 4°
6.APRIL 13°
7.APRIL 8°
8.APRIL 10°

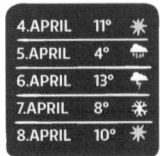

ramalan cuaca

pronóstico meteorológico

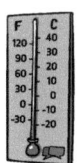

termometer

termómetro

sinar matahari

luz solar

awan

nube

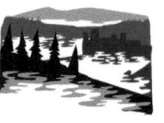

kabus

niebla

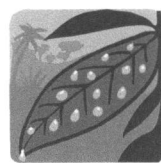

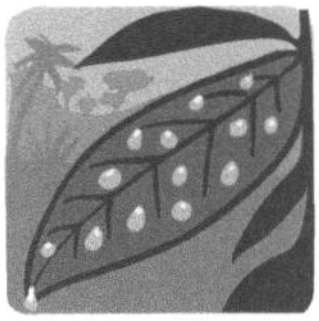

lembapan

humedad ambiente

kilat

relámpago

petir

trueno

ribut

tormenta

hujan batu

granizo

monsun

monzón

banjir

inundación

ais

hielo

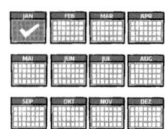

Januari

enero

Februari

febrero

Mac

marzo

April

abril

Mei

mayo

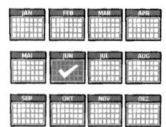

Jun

junio

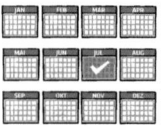

Julai

julio

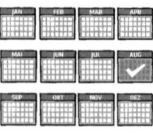

Ogos

agosto

September
....
septiembre

Oktober
....
octubre

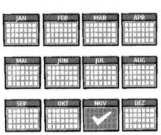

November
....
noviembre

Disember
....
diciembre

bulatan
....
círculo

petak
....
cuadrado

segi empat tepat
....
rectángulo

segitiga
....
triángulo

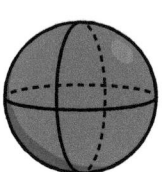

sfera
....
esfera

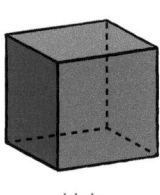

kiub
....
cubo

putih

blanco

kuning

amarillo

oren

anaranjado

merah jambu

rosa

merah

rojo

ungu

lila

biru

azul

hijau

verde

coklat

marrón

kelabu

gris

hitam

negro

banyak / sedikit

mucho / poco

marah / tenang

enojado / calmado

cantik / hodoh

bonito / feo

bermula / tamat

comienzo / fin

besar kecil

grande / pequeño

terang / gelap

claro / oscuro

abang / kakak

hermano / hermana

bersih / kotor

limpio / sucio

lengkap / tidak lengkap

completo / incompleto

hari / malam

día / noche

mati / hidup

muerto / vivo

luas / sempit

ancho / angosto

boleh dimakan / tidak boleh dimakan

disfrutable / no disfrutable

jahat / baik

malo / amigable

teruja / bosan

excitado / aburrido

gemuk / kurus

gordo / delgado

pertama / terakhir

primero / último

kawan / musuh

amigo / enemigo

penuh / kosong

lleno / vacío

keras / lembut

duro / suave

berat / ringan

pesado / liviano

lapar / dahaga

hambre / sed

sakit / sihat

enfermo / saludable

menyalahi undang-undang / undang-undang

ilegal / legal

pintar / bodoh

inteligente / tonto

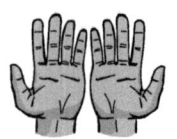

kiri / kanan

izquierda / derecha

dekat / jauh

cercano / lejano

baru / lama

nuevo / usado

tiada / sesuatu

nada / algo

tua / muda

viejo / joven

hidup / mati

encendido / apagado

terbuka / tertutup

abierto / cerrado

diam / bising

bajo / fuerte

kaya / miskin

rico / pobre

betul / salah

correcto / incorrecto

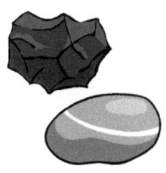

kasar / halus

áspero / liso

sedih / gembira

triste / alegre

pendek / panjang

breve / extenso

lambat / laju

lento / veloz

basah / kering

mojado / seco

panas / sejuk

caliente / frío

berperang / berdamai

guerra / paz

0

sifar

cero

1

satu

uno

2

dua

dos

3

tiga

tres

4

empat

cuatro

5

lima

cinco

6

enam

seis

7

tujuh

siete

8

lapan

ocho

9

sembilan

nueve

10

sepuluh

diez

11

sebelas

once

12

dua belas

doce

13

tiga belas

trece

14

empat belas

catorce

15

lima belas

quince

16

enam belas

dieciséis

17

tujuh belas

diecisiete

18

lapan belas

dieciocho

19

Sembilan belas

diecinueve

20

dua puluh

veinte

100

ratus

cien

1.000

ribu

mil

1.000.000

juta

millón

nombor - números

Bahasa Inggeris

inglés

Bahasa Inggeris Amerika

inglés estadounidense

Bahasa Cina Mandarin

chino mandarín

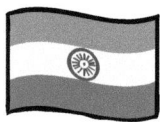

Bahasa Hindi

hindi

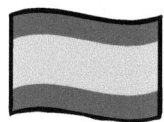

Bahasa Sepanyol

español

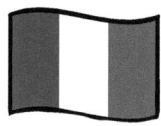

Bahasa Perancis

francés

Bahasa Arab

árabe

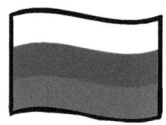

Bahasa Rusia

ruso

Bahasa Portugis

portugués

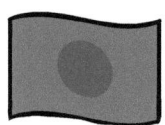

Bahasa Benggali

bengalí

Bahasa Jerman

alemán

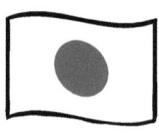

Bahasa Jepun

japonés

saya
yo

anda
tú

dia / dia / ia
él / ella

kita
nosotros

anda
vosotros

mereka
ellos

siapa?
¿quién?

apa?
¿qué?

bagaimana?
¿cómo?

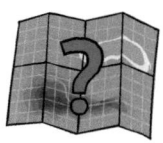

di mana?
¿dónde?

bila?
¿cuándo?

nama
nombre

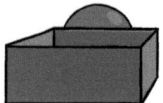

belakang

detrás

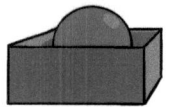

dalam

en

di hadapan

delante de

lebih

encima de

pada

sobre

di bawah

debajo de

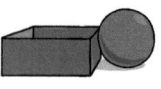

bersebelahan

junto a

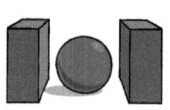

antara

entre

tempat

lugar